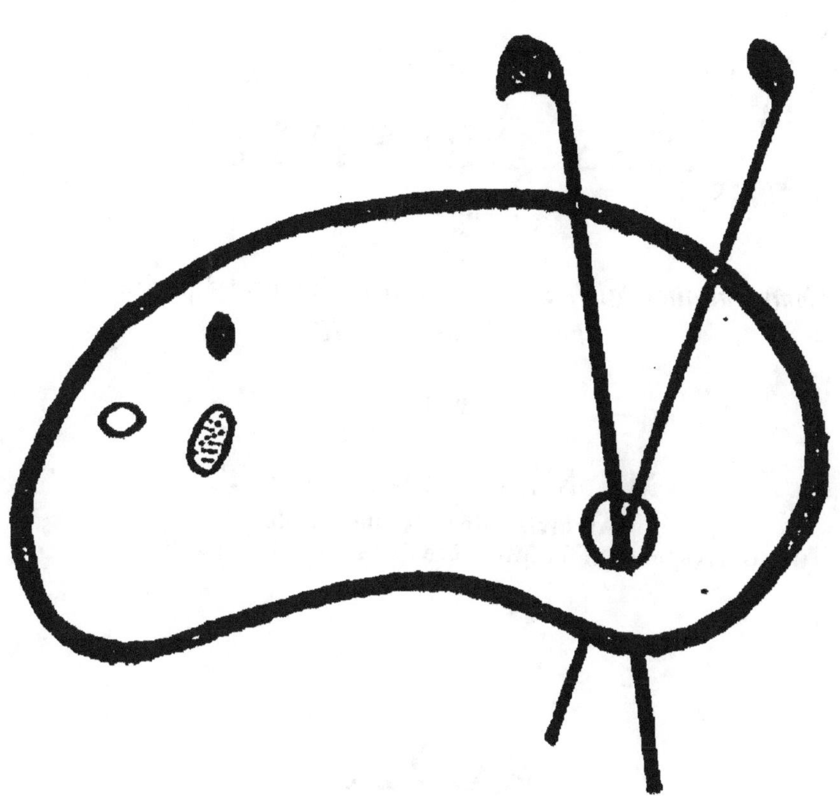

**DEBUT D'UNE SERIE DE DOCUMENTS
EN COULEUR**

LA
CHAMBRE DES COMPTES
DE SAVOIE

ET

SES ARCHIVES

Communication faite au Congrès des Sociétés savantes savoisiennes
tenu à Chambéry en 1899

PAR

M. Max BRUCHET

Archiviste de la Haute-Savoie
Correspondant du Ministère de l'Instruction publique

CHAMBÉRY

IMPRIMERIE SAVOISIENNE
5, Rue du Château, 5

1900

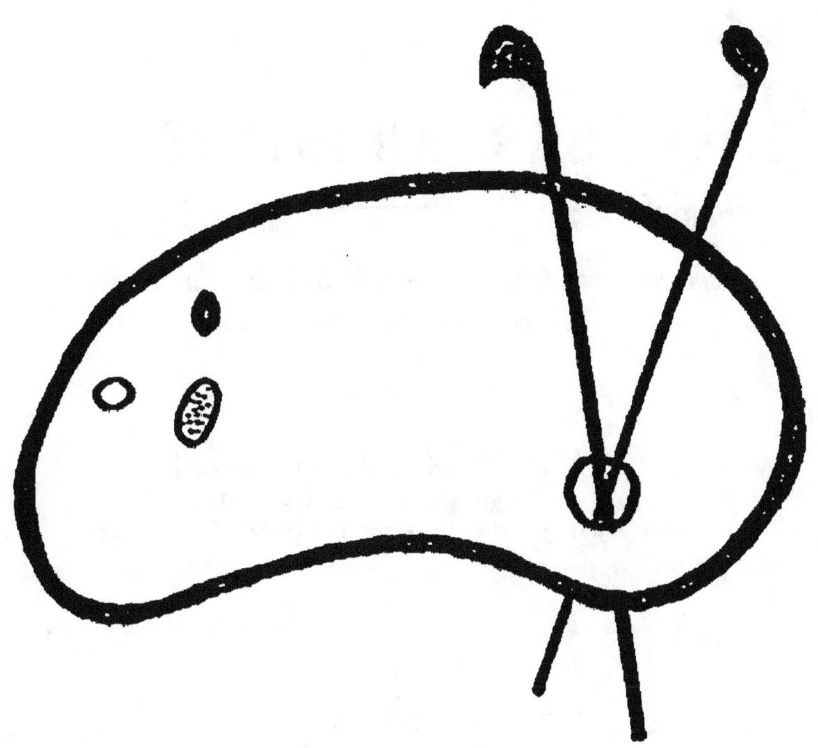

FIN D'UNE SERIE DE DOCUMENTS
EN COULEUR

LA
CHAMBRE DES COMPTES
DE SAVOIE

ET

SES ARCHIVES

Communication faite au Congrès des Sociétés savantes sawoisiennes
tenu à Chambéry en 1899

PAR

M. Max BRUCHET

Archiviste de la Haute-Savoie
Correspondant du Ministère de l'Instruction publique

CHAMBÉRY

IMPRIMERIE SAVOISIENNE

5, Rue du Château, 5

—

1900

LA

CHAMBRE DES COMPTES

DE SAVOIE

ET

SES ARCHIVES

MESSIEURS,

On sait que les princes de Savoie avaient confié le gouvernement et l'administration de leurs États situés en-deçà des Alpes à deux grandes magistratures, le Sénat de Savoie (dont l'histoire a été si bien mise en lumière par M. Burnier et publiée en 1864 dans les *Mémoires de l'Académie de Savoie*) et la Chambre des Comptes de Savoie qui n'a pas encore été l'objet d'une monographie, car on ne saurait considérer comme un ouvrage critique le *Traité de la Chambre des Comptes* de Capré, panégyrique écrit au xviie siècle, précieux surtout par ses documents. Et cependant l'étude de cette ancienne juridiction devrait bien tenter quelque robuste travailleur, car elle serait féconde en enseignements. On trouverait chez ces magistrats, comme chez les membres du Sénat, de nombreux exemples d'une indépendance d'autant plus courageuse qu'elle devait causer leur ruine, comme on le verra par l'esquisse de leur histoire que je vais avoir l'honneur de retracer à grands traits.

Le silence des érudits savoyards sur la Chambre des Comptes s'explique par l'éloignement des Archives de cette magistrature. Placées autrefois à Chambéry, elles ont été depuis la suppression de cette cour souveraine transportées à Turin en 1724 et forment actuellement le plus ancien fonds des Archives Camérales. Quelques mots sur les richesses de ce dépôt pourront, je l'espère, tenter la curiosité de mes bienveillants auditeurs et les engager — car c'est là le but de ma communication — à ne pas négliger cette source capitale pour l'histoire de Savoie.

Toutefois, avant de commencer, j'ai le devoir de remercier M. le baron Bollati di St Pierre, surintendant général de l'*Archivio di stato*, et ses dévoués collaborateurs, surtout MM. Giacomelli, ancien archiviste aux Archives Camérales, M. Saletta, directeur de ce dépôt, et M. E. d'Agliano, archiviste aux Archives de Cour, du bienveillant accueil dont j'ai été l'objet ; je suis heureux aussi d'exprimer de vive voix ma reconnaissance à l'éminent historien qui dirige la Bibliothèque du roi à Turin, M. le baron Carutti di Cantogno, qui a bien voulu assister à notre congrès.

I

Les Archives Camérales forment la 3ᵉ section des Archives d'Etat de Turin et sont installées au dernier étage du palais de la Cour d'appel de cette ville.

C'est là que se trouve le fonds si considérable de la Chambre des Comptes de Savoie.

Cette juridiction, érigée en corps judiciaire par les statuts du 7 février 1351, eut son siège à Chambéry. Ses attributions étaient exercées auparavant, d'abord par des membres du Conseil du comte, parfois en présence du prince, puis sous la surveillance du Conseil par des maîtres ou auditeurs des comptes, dont on trouve trace déjà en 1267 ; ils avaient charge de déposer les documents relatifs à l'administration du domaine, après avoir procédé à leur vérification, dans un local spécial servant d'archives, existant déjà en 1321 (1). Il est très vraisemblable, d'après les intéressants textes produits par M. Costa de Beauregard, que le service des maîtres des Comptes fut installé à Chambéry dès l'année de l'acquisition du château de cette ville par le comte de Savoie, c'est-à-dire dès 1295 (2). Faisons remarquer que le dépôt d'archives de la Chambre des Comptes formait un fonds distinct de celui si important du Trésor des Chartes de Savoie (3).

(1) 1351, 7 février ; Erection de la Chambre des Comptes de Savoie : « Item, est ordonné que nyons des clers ordones es comptes ne puyssent traire nul des comptes de fors sans lesdits comptes registrer et deigent lesdit maistre ordonner de la garde des clercs des comptes, par manere que nul n'y puysso entrer sans leur save et commandément, et encour deigent les dits maistres feire registrer en on papier tous les comptes qui se trouverout *la y où on les tient deys XXX ans enc sa,* por ce que nul ne s'en puisse perdre, et que l'on puisse savoir ceux qui faudront. » NANI. *I primi statuti sopra le Camera dei Conti. (Memorie della Academia delle scienze di Torino,* 2ᵉ série, t. XXXIV.)

(2) Matériaux historiques et documents inédits extraits des archives de la ville de Chambéry dans le t. XI des *Mémoires de l'Académie de Savoie,* p. 166 à 176.

(3) Pour plus de détails sur ce sujet, je renvoie le lecteur à l' « Inventaire partiel du Trésor des Chartes de Chambéry à l'époque d'Amédée VIII », que j'ai publié dans les *Mémoires de la Société savoisienne d'histoire.* (Chambéry, 1900, p. 3 à 15 de l'Introduction.)

La Chambre des Comptes de Savoie étendit, dès son origine, sa compétence sur tous les domaines de la Maison de Savoie, tant en-deçà qu'au-delà des Alpes. Ce fut d'ailleurs jusqu'en 1577, date de la création de la Chambre des Comptes de Turin par Emmanuel-Philibert, la seule juridiction de cette nature.

Jusqu'au xvie siècle, sa résidence fut Chambéry.

Au moment de l'occupation de la Savoie par François Ier, la Chambre des Comptes abandonna Chambéry en 1536 pour suivre l'infortuné duc Charles III à Nice, puis à Verceil. A la mort de ce prince, en 1553, le maréchal de Brissac ayant pris et pillé cette dernière ville, la Chambre des Comptes, devenue ambulatoire par le malheur des temps, cessa d'exister deux ans durant, jusqu'au moment où Emmanuel-Philibert, plein d'espoir en sa fortune, rétablissait les magistrats dans leurs emplois par patentes du 1er juillet 1555. Le traité de Cateau-Cambrésis amena le retour à Chambéry de la Chambre des Comptes, qui fut érigée, pour éviter les empiétements judiciaires du Sénat en matière administrative, en Cour souveraine par édit du 6 octobre 1560 (1).

La variété des services de la compétence de la Chambre des Comptes provoqua un accroissement constant des magistrats chargés de s'en occuper ; en 1522, la Chambre des

(1) CAPRÉ, pages 74 et 95. Pendant cette période de l'occupation française, il y eut une autre Chambre des Comptes dont l'existence fut éphémère. Le 15 juin 1539, François Ier érigea une Chambre des Comptes commune à la Savoie et au Piémont, devant résider six mois dans chacune de ces régions. Cette juridiction supprimée en décembre 1550 fut rétablie deux ans après. (MUGNIER, *Jean de Boyssonné*, dans les *Mém. de la Soc. d'hist. de Chambéry*, 1897, p. 97 et 200.)

Comptes de Chambéry comptait un président, quatre maîtres des comptes et huit receveurs ; en 1682, bien que sa juridiction ne s'étendît plus comme auparavant au-delà des Alpes, par suite de la création de la Chambre des Comptes de Turin, elle ne comptait pas moins de cinq présidents, deux chevaliers, seize auditeurs, un contrôleur général, un avocat patrimonial, un procureur patrimonial, un clavaire, c'est-à-dire un archiviste, et un référendaire, sans compter le personnel inférieur des greffiers, contrôleurs, vice-clavaires, receveurs, commissaire d'extentes et huissiers.

Les diverses charges de la Chambre des Comptes de Chambéry conféraient la noblesse aux personnes qui les occupaient, et devenaient à peu près héréditaires dans certaines familles de Savoie. Cette communauté d'origine créa, entre les divers membres de cette magistrature, un esprit de solidarité qui s'affirma souvent dans les nombreux avis adressés aux princes par la Chambre des Comptes au sujet de l'état de ses peuples de Savoie. On ne peut se défendre d'une profonde émotion en lisant ces documents éloquents où nos magistrats, avec une courageuse indépendance, osaient faire entendre à un prince absolu les doléances des basses classes qu'Emmanuel-Philibert avait cru étouffer par la suppression des Etats-Généraux. Une citation, puisée dans un texte inédit qui est un bel exemple de la solide culture littéraire des magistrats qui le rédigèrent, fera bien ressortir le rôle joué par notre Chambre des Comptes.

« La multiplicité des exactions, — dit-elle dans un avis du 22 août 1612, — et les surcharges pardessus les facultés des peuples n'accroissent jamais les finances des princes ; ainsi les ruisseaux, qui doucement en couleraient en leur donnant le temps, sont divertis par telles précipitations aux

ourses de ceux qui font leurs affaires par dedens les né-
essités publiques. Et qui pis est, en ce païs, c'est l'estran-
er et le voisin qui s'engraisse de nos despouilles et prend
droict sur les fonds des subjects de Votre Altesse, fièvre
ente qui peut causer beaucoup de mal en un corps politique. Et oultre cela, les exécutions emportent la pluspart,
t pour le comble de tout malheur, les violences qui s'y
ont ruinent les peuples, les troublent en leurs négoces et
arissent tout à fait les sources des moïens d'un estat, chose
que nous cognoissons par l'expérience que journellement
ous faisons sur la multitude infinie des plaintifs qui, pour
els excès, nous sont présentés. Et, tout ainsy que l'escuier
u manège juge du manquement de forces et d'haleine en
on cheval par l'estrif qu'il fait de se mettre sur les
oltes (1), de même voyant les difficultés qu'il y a main-
enant en ses receptes, les clameurs qu'on oït de toutes
parts nous font bien cognoistre l'extrémité de ses peuples,
ù le rang qu'il luy plait nous faire tenir entre ses magis-
rats nous oblige de luy en rafraîchir la mémoire par ce
rès humble mot d'advis, et la supplier en tant que son
ervice pourra le permettre, de retrancher quelques unes
le ces exactions extraordinaires ; les autres en viendront
plus facilement en ses finances et son peuple se remettra
n forces pour supporter à l'advenir tout ce en quoi les oc-
asions du service de Son Altesse le soumettront (2). »

Chaque année (3), jusqu'à sa suppression, la Chambre des

(1) Par la difficulté qu'il oppose pour se mettre sur les *rolles*,
c'est-à-dire sur une sorte de cercle placé sur la piste du manège.
(2) Archives Camérales, 2ᵉ Registre d'avis, folio 16.
(3) Voir, sur la résistance de la Chambre des Comptes et du
Sénat de Savoie aux injonctions de Madame Royale, CLARETTA,
Storia della reggenza di Cristina di Francia, t. II, p. 733 à 741

Comptes de Chambéry ne cessa de protester contre les surcharges d'impôts exigées des peuples soumis à sa juridiction ; cette fidélité de tradition apparaîtra très clairement dans un avis entre cent autres tout aussi significatifs :

« Le nombre est grand, Monseigneur, — est-il dit dans un avis du 13 mai 1683, — de ceux qui s'aydent à engager Votre Altesse Royale à des dépenses dont il ne nous est pas permis de pénétrer la justice ni la nécessité. Mais il en est peu qui se croient obligés, comme nous le sommes par nos serments, de représenter en même temps à Votre Altesse Royale les raisons de l'impossibilité où sont les peuples de les supporter. Nous voyons mesme qu'à mesure qu'il vient à vácquer quelques pensions et quelques entretiens ou quelques offices surnuméraires ou inutiles..., au lieu de s'en servir pour le soulagement des finances..., il ne manque pas de solliciteurs qui, sous divers prétextes, tâchent d'engager Votre Altesse Royale à les perpétuer, comme si c'estoient tout autant de successeurs légitimes... Et c'est enrichir des très aisés à la surcharge de la veuve et de l'orphelin et réduire les peuples à l'aumône et à deshabiter, ou de souffrir les prisons, après que les trésoriers en ont tiré jusques à la plus pure et dernière substance pour satisfaire aux sommes immenses qui leur sont imposées par les maisons royales (1) et autres dépenses extraordinaires qui, par une sortie continuelle de deniers qui ne reviennent jamais (2), ont réduit le noble et l'ecclésiastique,

---

(1) Allusion aux dépenses de la maison du duc et de celle de la duchesse douairière, qui étaient imputées sur les finances de Savoie et en absorbaient plus du quart.

(2) Allusion au séjour de la cour de Turin.

le bourgeois et le paysan dans la dernière indigence, et la plus part des dits contribuables à la mendicité (1). »

On comprendra mieux les doléances des peuples de Savoie si courageusement exposées par la Chambre des Comptes lorsqu'on aura quelque idée des charges qui grevaient ce pays ; voici un exemple choisi dans le bilan de l'année qui précéda et motiva le dernier avis cité.

Après le « Bilan général des finances de Savoie » signé par Victor-Amédée le 9 mars 1682, les recettes de ce duché s'élevaient à 364,330 ducatons constituées surtout par la taille ou impôt foncier dont les quartiers tant ordinaires qu'extraordinaires, ustensiles ou décimes, s'élevaient à 203,996 ducatons, et par la gabelle du sel affermée moyennant 150,385 ducatons. Le reste, soit 9,959 ducatons, représentait le produit de divers greffes judiciaires, de divers droits de péage et autres menues ressources.

Cet argent — et c'est là la grande cause de la misère — ne restait presque pas au pays. Si l'on excepte les traitements des magistrats du Sénat, de la Chambre des Comptes et des autres juridictions, les subventions aux places et aux garnisons, soit moins du quart ou du cinquième des recettes, tout le reste allait au Piémont. En voici la preuve.

Le chapitre le plus important du budget des dépenses est celui des *Assignations ordinaires*, s'élevant à 131,052 ducatons. En voici la distribution d'après les ordres du duc :

« A nostre maison, des premiers deniers de la recette
« générale et par préférence à toutes autres assignations,
« outre 30,000 ducatons sur les deniers de la gabelle :
« 65,000 ducatons.

(1) Archives Camérales, 10ᵉ registre d'avis, à la date.

« Appanage de mons. le prince Philibert et dot de la
'« princesse de Carignan, sa mère : 30,131 ducatons 26.

« A Madame Royale pour la maison, sur le Faucigny,
« outre 7,350 ducatons sur la gabelle : 2,100 ducatons.

« A dom Antoine sur le Faucigny : 2,100 ducatons.

« A dom Louis Amé, entretien : 1,537 ducatons 40. »

Le reste de ce crédit était affecté au paiement des Com-
manderies, à celui de quelques pensions ; et enfin, mais
dans une proportion infime, à quelques dépenses utiles à
la Savoie notamment : 420 ducatons pour le pain des pri-
sonniers de Chambéry, 150 pour ceux de Montmélian, 995
ducat. 10 pour les bougies du Sénat et la Chambre des
Comptes.

Celui des *Assignations sur la Gabelle du sel*, s'élevant à
150,330 ducatons, était affecté aussi principalement à des
dépenses étrangères à la Savoie, notamment : 12,600 duc.
à Madame Royale, 30,000 duc. à la maison du duc, 6,300
duc. au marquis Ferrero, ambassadeur en France, etc., etc.

Le chapitre des *pensions*, s'élevant à 8,588 ducatons,
servait à récompenser les services des gentilshommes dont
quelques-uns appartenaient, comme les marquis de Lullin,
de Lucinge ou d'Arvillars, à de vieilles familles de Savoie.

Sans insister davantage, — ne voulant point transformer
cette digression en chapitre d'histoire financière (1), — on
comprendra bien par ces quelques exemples la grande cause

(1) Nous renvoyons le lecteur qui s'intéresserait à ces ques-
tions à notre étude sur les *Instructions de Victor-Amédée II sur
le gouvernement de son duché de Savoie en 1721*, faite à l'occasion du Congrès des Sociétés savantes tenu à la Sorbonne en
juin 1900 et insérée dans le « Bulletin historique et philologique
publié par le Comité des Travaux historiques. » (Paris, Imprimerie Nationale.)

d'appauvrissement de la Savoie, à savoir l'*extraction des deniers*, si péniblement ramassés, transportés et dépensés en Piémont par les maisons des princes de Savoie et par les gentilshommes qui vivaient auprès d'eux.

Les doléances perpétuelles de la Chambre des Comptes de Savoie et ses refus de procéder à la levée des impositions extraordinaires exigées par les princes finirent par lasser la Cour de Turin ; Madame Royale dépêcha à Chambéry, en 1679, le surintendant général des finances Graneri pour mettre à la raison les magistrats récalcitrants :

« S'étant agi, — dit-il, dans le rapport qu'il adressa à la Régente sur cette mission, — de faire connaitre que les ordres de Votre Altesse Royale ne devaient souffrir ni difficulté ni délai, j'en ay parlé fortement à la Chambre, et le premier jour que j'y entrai, je tâchai de lui faire si bien comprendre cette vérité qu'elle ne balança point sur l'entérinement de l'ordre des levées extraordinaires. Il se fit sur le champ, et j'ay de plus observé que, pendant mon séjour en Savoye, elle n'a point tardé de vérifier les ordres qui lui ont été présentés ; et je veux croire qu'à l'avenir elle n'en usera pas autrement. Et certes je lui ai bien fait connaitre qu'elle ne se devait point mettre en ces retenues, après que les choses avaient passé par les mains de Votre Altesse Royale, qui ne signait rien sans l'avoir mûrement considéré et sans une parfaite connaissance de cause, nomément les ordres qui portaient extraction de deniers pour le Piémont (1). »

Graneri donne d'intéressants détails sur l'animation

_____

(1) Turin. Biblioteca del Re, Manuscrit. Miscellanea Patria, 83, n° 30.

apportée par les magistrats dans la discussion des affaires ainsi que sur la négligence de quelques-uns d'entre eux :

« J'ai été quelquefois en Chambre et j'y ai observé que les choses s'y faisaient avec assez de conduite et d'application. Il est pourtant vrai qu'en certaines rencontres, dans la chaleur avec laquelle les matières y sont agitées, il y en a quelques-uns qui parlent avec un peu d'ardeur, pour soutenir à mon avis leurs opinions plutôt que par un esprit de contrariété. Et je ne crois pas pour tout cela qu'il en reste de l'aigreur entre les confrères ni que la passion les transporte. Néanmoins, je n'ai pas laissé de leur faire connaître le plus ouvertement que j'ai cru d'en pouvoir parler sans crainte de les offenser, que la douceur et la modération n'estaient pas des moindres caractères d'un magistrat... Ayant représenté [à Mgr l'archevêque de Tarentaise, membre de la Chambre des Comptes] que Votre Altesse Royale estait tout à fait surprise que quelques-uns de la Compagnie, préférant leur intérêts particuliers à ceux du public et au service de Son Altesse Royale, s'émancipaient de sortir du bureau d'abord qu'ils y estaient entrés et sans prendre congé, il m'a asseuré qu'il tâchera d'empêcher cette sorte de liberté (1). »

Les magistrats de la Chambre des Comptes de Savoie, avec l'esprit d'indépendance dont on vient de lire le témoignage, se souciaient parfois assez peu des budgets dressés par les ordres des princes qui devaient servir de base à l'ordonnancement des dépenses : ils crurent pouvoir, à une époque où les pluies avaient nécessité des tra-

(1) Turin. Biblioteca del Re, Manuscrit. Miscellanea Patria. 83, n° 30.

vaux imprévus pour la réparation des routes et des ponts, se livrer à des dépenses plus fortes que ne le permettaient les ressources prévues de leur budget. La Régente saisit avec empressement cette occasion pour faire sentir rudement aux magistrats son pouvoir despotique ; Graneri fut chargé de l'exécution.

« Le mercredi 23 de mars 1679, j'entrai en Chambre à laquelle je fis connaître le juste sujet que Votre Altesse Royale avait d'être indignée contre elle du peu d'attention qu'elle avait eu en la distribution des deniers de la Trésorerie générale, au regard de ces travaux et réparations. Je parlai fortement, suivant les ordres que j'en avais de Votre Altesse Royale ainsi que peut-être elle en aura été informée d'ailleurs. Et j'ajoutai que..., sans la considération que Son Altesse Royale faisait de la personne de Monseigneur l'archevêque de Tarentaise, et le désir qu'elle avait de conserver la réputation de la Compagnie, elle aurait bien pris la résolution que la justice lui inspirait, mais qu'elle avait voulu préférer à celles-là les mouvements de sa bonté. Sur cette déclaration chacun témoigna un très grand respect et une profonde vénération pour les sentiments de Votre Altesse Royale. »

Cette dure mercuriale fut le commencement de la fin. Le plus autoritaire des princes de la Maison de Savoie, Victor-Amédée II, dès le début de son règne, avait songé aux complications présentées par la séparation des budgets du Piémont et de la Savoie, et résolut de les réunir. Il commença par déléguer dans ce dernier pays, pour étudier ses ressources, aussitôt après la paix de 1696, un agent sûr, le comte Gropel, intendant général deçà et delà les monts, « avec un pouvoir presque despotique, l'ayant fait président en la Chambre des Comptes, aux assemblées desquelles il assistait quand bon lui semblait, qui prit une entière connaissance de ce qui pouvait être utile aux finances (1). Puis il restreignit les attributions de cette antique juridiction en octroyant au comte Brichanto, successeur du comte Gropel dans la charge d'intendant général, le droit de connaitre et décider privativement à qui que ce soit et sans appel sur toutes les affaires de la taille, domaine, gabelle, artillerie, fortifications, manutention de chemins et ponts et toutes autres qui peuvent regarder l'économie des finances. » Après cette mutilation, la Chambre des Comptes végéta encore quelques années jusqu'à sa suppression par édit du 27 janvier 1720 : elle fut alors réunie à celle de Turin où ses archives furent transportées (2). Toutefois, l'administration du domaine du duché de Savoie continua, tout en appartenant à la Chambre des Comptes de Turin, à former un fonds d'archives particulier qui permet de suivre jusqu'à la Révolution française l'étude de nos anciennes provinces.

II

Pour bien comprendre l'importance des archives de la Chambre des Comptes il est nécessaire de donner quelques détails sur la variété des attributions de cette institution (3).

(1) Turin. Archives de Cour, duché de Savoie, paquet 2, n° 24.
(2) Voir aux archives Camérales l'*Inventaire des titres et écritures transportés de la Chambre des Comptes de Savoie en celle de Turin en 1724*. Les documents transportés ne remplissaient pas moins de 573 caisses.
(3) BURNIER, dans son *Histoire du Sénat de Savoie*, a été amené à parler assez fréquemment de la Chambre des Comptes. On

La Chambre des Comptes de Chambéry, jusqu'à la création de celle de Turin en 1577, étendit dès l'origine sa compétence sur tous les domaines de la Maison de Savoie, tant en-deçà qu'au-delà des Alpes. Ainsi que son nom l'indique, sa première fonction fut la vérification des Comptes des agents domaniaux.

« Que tous nos officiers — dit Bonne de Bourbon, comtesse de Savoie, dans ses lettres-patentes du 20 décembre 1380, — de quelque condition et estat qu'ils soyent, où que nous les ayons, présents et à venir, soient tenus de compter chascun an [par devant les maitres et auditeurs des Comptes]... et que tous les comptes se fassent et soyent clos et examinés pleinement dès le 1er jour de janvier jusques le 1er jour de may (1). »

Elle eut qualité pour recevoir les recettes effectuées par ces divers agents ; cette seconde fonction essentielle constitua le service du trésor :

« Item, — dit la même princesse, — pour que nos finances soient mieux gardées, nous ordonnons que les dictes finances dorénavant se doivent recevoir tant seulement par trois personnes et non point par plus : c'est à savoir par notre trésorier général et par les deux clercs des despens de nostre hostel. »

Aucune dépense ne put être mandatée sans son approbation : ce fut l'origine de son droit d'entérinement et du contrôle général des finances.

Tout acte intéressant le domaine ou les finances du

trouvera notamment (pages 57 à 62, du tome VI, 2e série, des *Mémoires de l'Académie de Savoie*) un bref aperçu historique de cette juridiction.

(1) DUBOIN, *Raccolta delle leggi*, vol. 4, page 527.

prince — que ce fut un affranchissement de personne, une concession de foires, l'établissement d'un péage, en matière domaniale, par exemple, ou le paiement d'une pension, la constitution d'un office, ou la réparation d'un édifice public, et autres dépenses, en matière fiscale — devait être approuvé, enregistré et ordonnancé par la Chambre des Comptes. Sa nombreuse collection de Registres d'arrêts, d'avis, de lettres et d'ordonnances sur ce sujet témoigne de l'importance de cette partie de ses attributions.

Les plus anciens comptes déposés aux Archives Camérales remontent au XIII⁰ siècle formant une série extrêmement abondante pour la fin de ce siècle, le XIV⁰ et le XV⁰. On pourra juger de leur variété et de leur intérêt en sachant que ces documents concernent les dépenses de l'hôtel des comtes et ducs de Savoie, la collection si importante, même pour l'histoire générale surtout aux XIV⁰ et XV⁰ siècles, des Rouleaux et Registres des Trésoriers généraux de Savoie, les comptes des châtellenies ainsi que les comptes des subsides levés sur les habitants de ces circonscriptions, ceux des réparations ou constructions de châteaux, ceux des trésoriers des guerres, ceux des décimes levés sur le clergé, ceux des péages, ceux des revenus divers du domaine tels que les cens prélevés sur les banquiers lombards et les juifs. Les émoluments du sceau et les amendes prononcées par les diverses juridictions formaient aussi une source de recettes dont les comptes sont très nombreux depuis la fin du XIII⁰ siècle et émanent de la Chancellerie de Savoie, du conseil résidant du comte, des baillis, des juges-mages et des châtelains.

La série du contrôle général des finances remonte au XVI⁰ siècle : elle renferme toutes les indications relatives aux recettes et aux dépenses du budget de la Savoie jusqu'au commencement du XVIII° siècle.

Les impôts de toute nature, taille et gabelles, étaient de la compétence de la Chambre qui connaissait également de tous les revenus du domaine.

L'administration de ce domaine fournit une des parties importantes de ses attributions : les baux à ferme, les contrats d'adjudication de travaux, les actes d'albergement, les inspections faites dans les diverses châtellenies par les auditeurs prouvent l'activité déployée à ce sujet.

Pour en conserver l'intégrité, la Chambre eut à surveiller les empiètements de la noblesse et du clergé ; elle eut qualité pour recevoir les serments de fidélité des gentils-hommes et installer les ecclésiastiques dans les bénéfices à la nomination du duc de Savoie : elle fut désignée également ment pour connaitre des affranchissements des hommes taillables.

Cette variété d'attributions peut se résumer en un mot : le maintien du domaine. Les membres de la Chambre des Comptes — suivant l'expression du duc Charles III (1) — devaient avoir devant eux les inventaires des droits et titres ducaux « pour souvent les voir et incorporer en temps et lieu et en sçavoir mieux parler. »

III

La richesse des archives de la Chambre des Comptes de Savoie fait vivement regretter que l'on ne possède point sur ce riche dépôt d'inventaire imprimé.

(1) Statuts du 10 sept. 1522, cités par Capré.

Les obligeants archivistes qui ont la garde de ce fonds mettent à la disposition des travailleurs un inventaire manuscrit très commode pour se guider à travers ce labyrinthe : c'est l'*Index général des titres du duché de Savoie*, volume in-folio, manuscrit dont les 124 premiers feuillets contiennent l'énumération des matières contenues dans chacun des 212 volumes manuscrits d'inventaires spéciaux consacrés aux diverses catégories des archives de la Chambre des Comptes de Chambéry. L'usage de l'*Index général* est facilité par une table occupant les feuillets 128 à 165.

L'administration met aussi à la disposition des lecteurs cet inventaire en 212 volumes, labeur considérable qui a été exécuté au commencement du XVIII' siècle. Selon la nature des documents, ces inventaires sont ou de simples énumérations de dates et de registres, ou des analyses assez complètes pouvant, en cas de perte de la pièce analysée, y suppléer d'une façon très heureuse. Les actes intéressant le domaine ou les fiefs, les titres de propriété, les procédures criminelles y sont généralement analysés avec soin.

En dehors de ce travail général qui a porté sur l'ensemble des diverses catégories constituant le fonds de la Chambre des Comptes de Savoie, certaines séries, d'un usage journalier, ont fait l'objet d'inventaires spéciaux très complets. Tels ceux des ARRÊTS DE LA CHAMBRE, des LETTRES-PATENTES et provisions d'office, du CONTRÔLE GÉNÉRAL DES FINANCES, des CORRESPONDANCES, répertoires alphabétiques consultés d'une manière quotidienne par les magistrats de la Chambre. L'un des derniers répertoires est dû au très érudit M. Vaccarone qui a dressé sur fiches une précieuse table des faits les plus importants consignés dans la série des Trésoriers Généraux de Savoie.

Ce fonds merveilleux de la Chambre des Comptes de Savoie n'a pas eu à souffrir de la tourmente révolutionnaire. Toutefois, certaines séries en ont été démembrées pour être rattachées à d'autres fonds. Je citerai notamment la belle collection des PROTOCOLES des notaires, secrétaires des comtes et ducs de Savoie, une partie des lettres, testaments et contrats de mariage de ces princes qui ont été transférés aux archives de Cour à Turin ; la collection des édits et comptes des Monnaies rattachée au fonds de la Chambre des Comptes de Turin.

Avant de terminer ce bref aperçu, je dois dire que les archives Camérales, qui abritent le fonds de la Chambre des Comptes, possèdent encore d'autres fonds intéressant la Savoie :

L'un d'eux est formé par la collection des *Investitures des fiefs de la Savoie*, de 1731 à 1799, constituée par d'importants documents résumant, d'après titres authentiques, l'histoire d'un fief ou d'une famille. Ce fonds est muni d'un Index. L'autre est un gigantesque répertoire connu sous le nom d'*Inventaire des fiefs de Savoie*, comprenant 130 volumes in-folio environ, relatifs à tous les domaines de la Maison de Savoie et non pas seulement à ceux du duché de ce nom : on y trouvera, classées dans un ordre alphabétique approximatif, des références relatives aux fiefs et familles nobles avec indication des dates et de la source avec une brève analyse de l'acte. Malgré de nombreuses répétitions et d'inévitables erreurs, ce répertoire rend toujours de nombreux services et permet soit de suppléer à la pièce par son analyse, soit de retrouver le document aux archives Camérales ou aux archives de Cour grâce aux indications de source. On trouvera aux archives départementales de la Savoie et de la Haute-Savoie, dans la série C, d'anciens inventaires extraits des répertoires de ces deux fonds, notamment le répertoire conservé à Chambéry sous le titre d'*Indice Savoia* (coté C. 1771 à 1795 aux archives de la Savoie). La lecture de ces répertoires ne peut donner qu'une idée bien imparfaite de la richesse des collections conservées dans un dépôt qui sera toujours la base de tous les travaux sur l'histoire de la Savoie.

IV

Les historiens anciens qui ont pu, comme Pingon au XVI° siècle, Guichenon et Capré au siècle suivant, pénétrer dans les archives des princes de Savoie ont joui d'une faveur exceptionnelle ; Victor-Amédée II, qui donna une impulsion si forte aux travaux de classement et d'inventaire dont on se sert encore aujourd'hui soit aux archives Camérales, soit aux archives de Cour, défendit l'accès de ces dépôts non seulement aux érudits tels que l'illustre Muratori, mais aussi à ses ministres d'Etat (1). Son fils, Charles-Emmanuel III, par une initiative qu'on ne saurait trop faire remarquer, prescrivit, par billet royal du 8 mai 1769, le dépouillement des Comptes pour en extraire ce qui pouvait être intéressant non seulement pour l'administration du domaine, mais aussi pour les études historiques ; les registres d'extraits manuscrits qui furent dressés (et dont 4 vol. in-folio concernant la châtellenie de Chambéry de 1270 à 1503 sont

(1) CARUTTI : *Storia di Vittorio-Amedeo II*, 1re édition, page 426, note ; et *Calendario generale del regno*, 1853, 2e partie, page XII.

parvenus jusques à nous) demeuraient secrets, étant réservés à l'usage du Procureur général et des membres de la Chambre des Comptes (1). Toutefois, l'un de ceux qui dirigèrent ce dépouillement, Galli, en tira les éléments d'un remarquable ouvrage des plus précieux pour l'étude des institutions et des anciennes familles de Savoie (2).

Sous la Restauration, le gouvernement sarde fit exécuter des recherches pour rassembler les matériaux nécessaires pour la publication des Edits des princes de Savoie, importante collection à laquelle l'avocat Duboin a attaché son nom (3). Charles-Albert, par la création en 1833 de la *Regia Deputazione di storia patria*, suscita, surtout en Piémont, une émulation incroyable : on demeure surpris, en parcourant la bibliographie que M. le baron Antonio Manno a dressé à l'occasion du cinquantenaire de cette Compagnie, de l'activité de ses membres (4). L'un d'entre

(1) SARACENO dans le tome XX des *Miscellanea di storia italiana*, p. 103 et suiv., dans l'introduction de son « Regesto dei Principi di casa d'Acaja, 1295-1418, tratto dai Conti di Tesoreria » si riche en renseignements sur la vie politique, les mœurs et les arts à cette époque.

(2) Cariche del Piemonte e paesi uniti, colla serie cronologica delle persone che le hanno occupate ed altre notizie di nuda istoria dal fine del secolo decimo sino al dicembre, 1798. *Torino*, 1798, 3 vol, in-8°.

(3) Raccolta per ordine di materie delle leggi... della Real casa di Savoia. *Torino*, 1818 Tomo primo. — Indice generale... della Raccolta delle leggi... emanate dai Sovrani della real casa di Savoia... compilata dagli avvocati Felico amato e Camillo Duboin... *Torino* 1869, 1 vol. in-f° de 1882 et 85 pages formant le 30° tome de la collection.

(4) L'opera cinquantenaria della R. Deputazione di storia patria di Torino. *Torino*, fratelli Bocca, 1884, 524 pages in-8° (Ce volume est le premier de la « Biblioteca storica italiana, publicata per cura della R. Deputazione di storia patria. »

Voir surtout dans cet ouvrage pour l'histoire de Savoie les bibliographies consacrées à MM. Bianchi, Billiet, Bollati, Carutti,

eux surtout, le comte L. Cibrario, a droit à notre vive reconnaissance, car parmi ses nombreux travaux, basés en grande partie sur les recherches qu'il fit aux archives Camérales, le *Specchio cronologico della storia nazionale* est un guide indispensable, d'un maniement commode, donnant des points de repère généralement sûrs (1).

Les Sociétés savantes de nos régions s'empressèrent de prendre part à ce beau mouvement de recherches historiques. L'Académie de Savoie doit, à ce moment, s'enorgueillir des remarquables travaux de Léon Ménabréa et du marquis Costa de Beauregard : l'on peut précisément citer comme l'un des bons exemples présentés par l'investigation des diverses séries des archives Camérales les preuves des *Souvenirs du règne d'Amédée VIII* et celles des *Chroniques de Yolande de France duchesse de Savoie* (2). De son

Cibrario, Claretta, Costa de Beauregard, Datta, Dufour, A. Manno, Menabrea, Nani, Promis, Ricotti, Saluzzo C. Sclopis. Il convient d'ajouter à cette liste le nom de Vernazza, le précurseur de cette belle école historique, et ceux de Vayra et Saraceno dont les intéressants travaux n'ont pu figurer sur la liste de l'*Opera cinquantenaria dressée en 1881*, ces deux érudits n'en faisant point alors partie. Je renvoie aussi le lecteur à la *Bibliografia storica degli stati dello monarchia di Savoia* publiée par le baron A. Manno (dans la « Biblioteca storica italiana) surtout à son 1er volume relatif à l'histoire de la Monarchie (*Torino*, 1884 in-8°): il trouvera là un guide précieux pour se diriger à travers cette littérature si abondante relative aux états de la Maison de Savoie.

(1) Cet ouvrage, formant 541 pages, constitue la deuxième partie du livre de Cibrario intitulé : *Origine et progressi delle istituzioni della monarchia di Savoia*. Il convient de se servir de la 2ᵉ édition publiée à Florence en 1869.

(2) Le premier ouvrage est inséré dans le tome IV de la 2ᵉ série des *Mémoires* de l'Académie impériale de Savoie (*Chambéry* 1861, in-8°.) L'autre forme le premier volume des *Documents* publiés par l'Académie royale de Savoie (*Chambéry* 1859, in-8°).Voir dans MANNO, *Opera cinquantenaria*, la bibliographie de ces deux historiens.

côté, la Société savoisienne d'histoire a publié de très nombreux matériaux puisés en grande partie dans le même dépôt par l'infatigable général Dufour (1) dont les publications relatives à l'histoire des arts, notamment à l'imprimerie et aux institutions municipales, ont eu un grand retentissement en dehors de notre région.

Malgré le nombre considérable des travaux imprimés depuis un siècle et extraits des archives de la Chambre des Comptes de Savoie, il y a encore des filons inexplorés. Je me permettrai de signaler comme une source précieuse intéressant plus spécialement la Savoie le riche fonds des comptes de châtellenies.

On sait que la châtellenie était au moyen âge la circonscription administrative, judiciaire et financière de la Savoie. Le châtelain, qui centralisait les divers pouvoirs, était tenu de présenter par devant la Chambre des Comptes, généralement chaque année, les comptes de sa châtellenie divisés en recettes et en dépenses.

Dans le chapitre des recettes, on trouvera des renseignements fort précieux sur la condition des personnes et sur la vie privée de nos ancêtres, notamment dans les articles consacrés aux amendes perçues dont les motifs sont fréquemment indiqués avec de curieux détails de mœurs.

Dans le chapitre des dépenses, on rencontrera des indications précises sur la construction ou les réparations du château, et parfois des églises du voisinage bénéficiant de largesses ordonnancées sur les comptes du châtelain le plus proche, le séjour des princes, la mention des messages envoyés pour leurs négociations ou leurs guerres et beaucoup

_____

(1) Voir sa bibliographie dans l'ouvrage précédent.

de sujets imprévus dont quelques travaux peuvent donner
un aperçu (1).

Nos diverses Sociétés savantes de Savoie ne pourraient-
elles pas songer à entreprendre le dépouillement systéma-
tique de ces comptes de châtellenie en choisissant ceux
qui concernent plus spécialement leur région ? J'ai déjà eu
l'occasion de donner la liste de ces documents avec l'indication des dates extrêmes (2). Je ne citerai que deux exemples. L'Académie de la Val d'Isère prendrait, semble-t-il,
grand profit à l'examen des comptes de la châtellenie de
Tarentaise, « tant en bas qu'au-dessus du Saix », formant
une riche série de 1275 à 1565 ; la Société d'histoire et
d'archéologie de Saint-Jean de Maurienne serait toute désignée pour étudier ceux de la châtellenie de Maurienne,
« tant en bas qu'au-dessus de la Verna, de 1266 à 1535. »
Ces deux séries fourniraient certainement une importante
contribution à l'histoire politique de la Maison de Savoie,
car ces deux chatellenies étaient situées sur les routes que
devaient prendre nécessairement les princes, quand ils ne
rentraient pas en Piémont par le Grand-Saint-Bernard.

Ce dépouillement des comptes des châtellenies de Savoie
serait d'autant plus apprécié qu'il formerait le complément
d'un travail analogue auquel se livrent actuellement nos

____

(1) CHAPPERON, *Chambéry à la fin du XIVe siècle. Lyon*, 1863, in-
4°. — MENABREA, *Histoire municipale et politique de Chambéry*
(malheureusement inachevée). *Chambéry*, 1847-1848, in-8°. — GON-
THIER, *Monographie des Allinges*, dans le tome III des *Mémoires*
de l'Académie Salésienne. *Annecy*, 1881, in-8°. — F. MUGNIER.
[Extrait des] *Comptes des châtellenies de la Balme en Genevois...
de Saint-Genis, Seyssel et Chaumont*, dans les *Mémoires* de la Société savoisienne d'histoire de Chambéry, 1891, p. 379 et suiv.

(2) *Revue savoisienne*, 1898, p. 40 à 44. (*Annecy*, impr. Abry.)

voisins. En ce qui concerne le Piémont, M. Gabotto (1) a tiré de cette source d'information une série de renseignements inattendus du plus haut intérêt. De son côté, le gouvernement suisse a également reconnu l'importance de ces investigations en faisant rechercher dans les comptes de la châtellenie de Chillon au XIII° et au XIV° siècle les dépenses relatives à la construction du château ; il a pensé non sans raison que l'architecte chargé de la restauration de ce monument trouverait dans ces extraits d'utiles indications. Le canton de Berne fait aussi préparer par M. Türler, archiviste d'Etat, la publication des comptes conservés à Turin intéressant son territoire.

Les Sociétés savantes qui sont représentées à ce Congrès ne voudront pas rester étrangères à ces travaux et, s'inspirant de l'exemple des Ménabréa et des Dufour, contribueront pour une large part à cette exhumation de documents inédits sur l'histoire des anciens Etats et des princes de la Maison de Savoie.

(1) Gabotto. Gli ultimi principi d'Acaia. *Pinerolo*, 1897, in-8°. L'Etadel conte Verde in Piemonte. *Torino*, 1895 (extr. des Miscell. di storia patria); contributi alla storia del conte Verde negli anni 1361-1362, *Torino* 1899 (extr. des *Atti R. Accad. Sc. di Torino*); Nuovi contributi alla storia del Conte Verde (extr. du Bollettino storico-bibliografico subalpino, 1899); Astie il Piemonte al tempo di Carlo d'Orleans (1407-1422) *Allessandria*, 1899, in-4° (extr. de la *Rivista di storia, arte, ... della provincia di Allessandria*, etc., etc.

CHAMBÉRY — IMPRIMERIE SAVOISIENNE

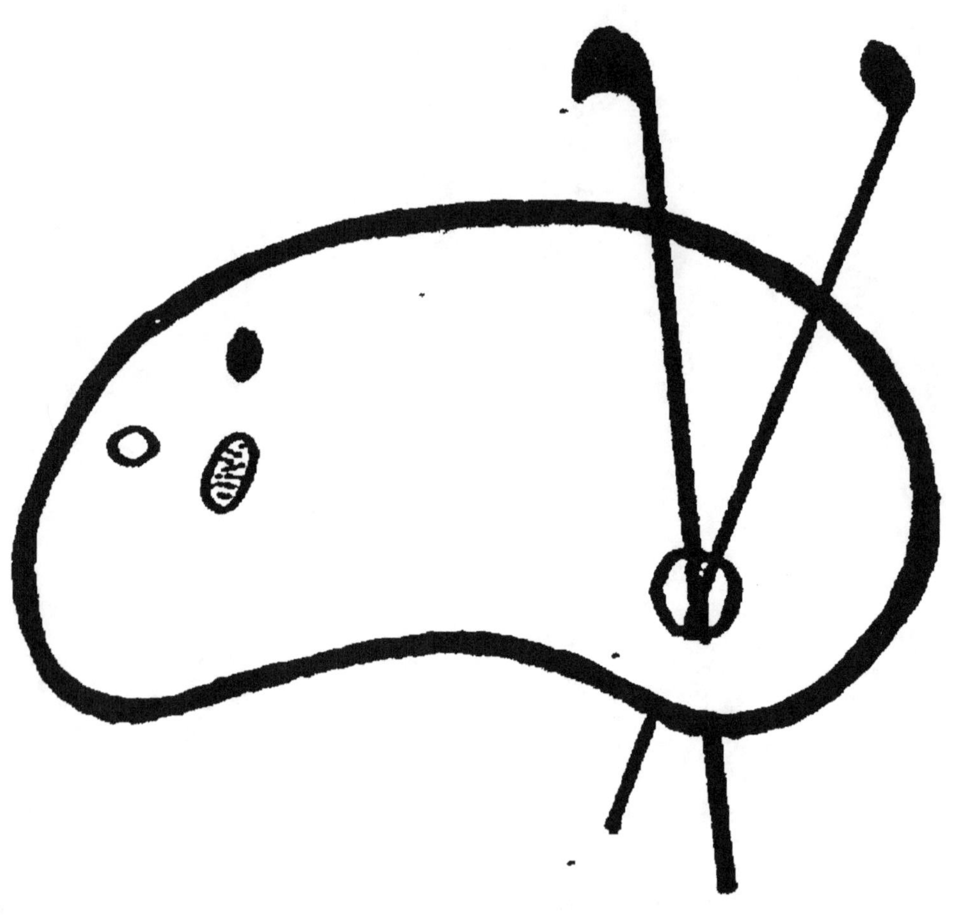

ORIGINAL EN COULEUR

NF Z 43-120-8

* 9 7 8 2 0 1 2 8 6 5 6 8 6 *